LETTRE

A M. LE MARQUIS VOYER-D'ARGENSON,

EN RÉPONSE

A SES PRINCIPES POLITIQUES.

Avis aux Électeurs.

Par M. L. DE B. B***.

PARIS.

CHEZ TOUS LES LIBRAIRES.

1834.

IMPRIMERIE DE DEZAUCHE,
Faub. Montmartre, n° 11.

LETTRE

A M. LE MARQUIS VOYER-D'ARGENSON,

EN RÉPONSE

A SES PRINCIPES POLITIQUES.

———◆———

Monsieur le Marquis,

J'avais renoncé à lire les journaux : les uns me rappelaient des souvenirs cruels et des luttes douloureuses. Des écrivains formaient une tribune où ils se sont constitués quatrième corps de l'état, où se contrôlent tous les actes du gouvernement, annonçant journellement des événemens sinistres, qui impriment dans l'âme des bons citoyens la terreur et l'effroi, avec les sinistres avant-coureurs d'un renversement et la proclamation d'une subversion prochaine de nos institutions.

Quelques autres journaux, mais en petit nombre, m'assuraient le retour à l'ordre, au bon sens, à la raison publique, à la paix et à la prospérité de la patrie ; je jouissais, dans ma retraite, des espérances du présent et de l'avenir que ces tableaux me présentaient, en faisant cesser les longues inquiétudes qui nous affligent depuis long-temps ; je voyais disparaître, quoique lentement, ces irritations qui portaient chaque jour l'effroi dans les familles, et dont les auteurs ne se présentaient plus dans les places publiques pour inquiéter les paisibles habitans de la capitale. Cette immense cité se relevait sur les débris de son commerce et de son industrie ; enfin, je croyais n'avoir plus à craindre de voir les rues ensanglantées par les crimes du désordre et de la rébellion ; que la France cesserait d'être un camp où la guerre civile devait être proclamée, par des misérables insensés, sous les bannières de la république.

Cette espérance était fondée sur le concours et la réunion des chambres, qui devaient y mettre un terme par le bon esprit et par la sagesse des lumières dont la majorité des membres qui la composent est jalouse de mériter cet immortel bienfait.

Telle était, monsieur le marquis, la situation morale de mes pensées lorsqu'un de mes amis est venu me rendre compte du scandale et de la confusion qui se sont élevés dans une des séances de la chambre élective, au sujet du discours du trône et du serment qui élève chaque membre à la dignité de législateur de la patrie.

Il s'est longuement étendu sur les différentes opinions qui se sont développées, sur le caractère et les dispositions que certains membres ont manifestés, et ce qui l'a le plus affligé, monsieur le marquis , c'est , m'a-t-il assuré , les intentions plus qu'hostiles que vous avez montrées dans un discours que vous avez prononcé le 7 janvier, discours qui serait un monument de perversité religieuse et politique. Je n'ai trouvé dans ce récit qu'un insolent mépris pour toutes les distinctions sociales ; j'ai repoussé ce tableau hideux, qui compromet un homme chargé de fonctions honorables qui le lient à la gloire et à l'honneur de la France ; je n'ai pu croire que le descendant d'une famille qui avait rendu les plus grands services à l'état, et qui en avait obtenu d'éclatantes récompenses, eût dégénéré de cette illustration qui devait se perpétuer dans ses descendans comme un héritage de gloire dont aucune révolution ne pouvait les dépouiller. J'ai encore résisté à ce rapport, monsieur le marquis, et mon incrédulité augmentait à mesure que je me rappelais la reconnaissance qu'avaient méritée vos ancêtres, mais mon ami a voulu faire cesser et mon incertitude et l'embarras de mon jugement, en me présentant les journaux qui tracent avec exactitude vos *nobles expressions* ; j'y ai attaché toute mon attention ; je ne puis encore, le journal à la main, me convaincre que ce ne soit une imposture ou une de ces calomnies qui flétrissent la loyauté et la morale d'un citoyen qui tient, comme vous, un si haut rang dans la société , par son nom , par sa fortune , par la confiance que vous ont accordée vos commettans, et par toutes les considérations dont votre famille partagerait la gloire qui y est attachée. Il faut cependant que je plie mon opinion à l'opinion qui est répandue dans la société, que la Renommée proclame dans les feuilles publiques qui vont pénétrer dans toutes les régions ; donc l'un et l'autre hémisphère vont connaître le résultat et le but que vous vous êtes proposé en montant à la tribune.

Plusieurs personnes qui ont assisté à cette séance mémorable, qui sera remarquable dans l'histoire, ont eu de la peine à comprendre qu'ayant été provoqué à expliquer vos opinions répandues, vous vous soyez déterminé à débiter votre discours; il est vrai que vous l'avez fait, dit-on, avec cette grâce et cette sécurité qui a fixé l'attention de la chambre. Elle vous a prêté une attention toute particulière, le silence a été général ; les tribunes, les écrivains, les savans, les spectateurs, *intenti ora tenebant* ; un mot sorti de votre bouche éloquente n'a échappé à personne, vous avez fait passer dans l'esprit des auditeurs les sentimens profonds dont vous étiez pénétré ; ils ont admiré vos mouvemens oratoires, la valeur de vos expressions; tout a annoncé votre conviction depuis long-temps réfléchie, en voulant faire une profession de foi morale, politique, et comme vous le dites, presque religieuse, pour exprimer par un seul mot, *égalité, but prochain, égalité des droits politiques, but final et permanent, égalité des conditions sociales.*

Mais, monsieur le marquis, comme chef de parti, comme président de cette société des droits de l'homme qui excite tant de réclamations dans la société, j'ose même dire tant d'incertitude sur votre existence politique, il me semble que vous n'aviez pas besoin de faire une nouvelle profession de foi à la tribune sur vos principes, car ils sont connus depuis long-temps ; ils vous ont valu la présidence de cette association de famille dont vous avez analysé les droits dans votre discours, et vous avez ajouté avec une sorte de raison, que vous ne laissiez à personne le droit de trouver mauvais ce que vous faites hors l'enceinte de la chambre. Personne, monsieur le marquis, ne vous a contesté cette immense liberté dont vous jouissez, mais dont vous n'êtes pas encore assez persuadé, puisque vous êtes informé que vous n'avez obtenu jusqu'ici qu'un blâme universel, hors vos amis les associés. Je vous avoue cependant en passant, monsieur le marquis, que voulant être, avec vos auxiliaires, le fondateur d'une nouvelle doctrine, donner une plus vaste réalité aux institutions qui nous gouvernent, et même au besoin les faire disparaître en faisant sentir tous leurs vices et leur imprévoyance, vous êtes tombé dans une erreur bien funeste et en contradiction avec la qualité de député qui vous amène devant nous ; on fait circuler sous votre patronage, non-seulement dans la capitale, mais dans tout le royaume, cette *déclaration des droits de l'homme*

(qu'on dit être de vous). Vous avez oublié, monsieur le marquis, que la charte que vous avez signée en dit autant et plus, car elle s'étend sur ses devoirs, et là, votre génie, qui garde le silence, nous a effrayés, car d'après ce système vous n'avez mis en sûreté ni votre personne ni les restes de vos propriétés ; vous vous êtes livré à cette égalité dont vous êtes si jaloux, pour le bonheur de votre patrie, et que vous avez proclamée, même à la tribune. Ce discours, ou si vous le voulez, cette improvisation, qui a étonné la chambre, même vos amis, qui se sont aperçus que votre imagination avait trop tôt dépassé le but, m'a rappelé ce beau vers d'Homère dans l'*Iliade:*

La terre s'en ébranle, et l'Olympe en mugit.

On s'est regardé de toutes parts ; je ne sais quel sentiment vous avez inspiré, ce n'est pas, monsieur le marquis, celui de l'admiration.

Cette première partie de votre discours m'a étonné ; l'exposition métaphysique à laquelle vous vous êtes livré sur l'association formée sous la dénomination de *Société des droits de l'Homme*, désignée sous le nom de *Robespierre*, qui n'est, dites-vous, *ni un symbole complet ni un symbole incomplet*, ne m'a pas rassuré sur les succès que vous espériez de l'opinion de la chambre, et ne m'a pas fait comprendre votre pensée. C'est sans doute ma faute, monsieur le marquis ; mon intelligence n'a pu arriver si haut. Vous dites que vous ne vous présentez pas à la tribune, ni hors de la chambre, comme organe d'un parti politique, et tout-à-coup vous faites votre profession de foi politique. Pour renverser le gouvernement par de nouvelles institutions, vous ne croyez donc pas à celles qui existent? le bandeau qui couvre vos yeux et votre intelligence est donc bien épais? J'ai dû en tirer cette conséquence par le mécontentement général qui éclatait partout. On appelait folie d'imagination la persistance que vous avez mise dans votre discours, pour exprimer par le seul mot *égalité, but final, but prochain, égalité des droits politiques, but final et permanent, égalité des conditions sociales.* Tous ces mots réunis dans votre discours ne sont que l'expression du parti auquel vous vous êtes associé. Je ne saurais comment les qualifier; je ne connais qu'un seul mot dans la langue française, et je n'oserais l'employer, monsieur le marquis, par respect pour le caractère dont vous êtes honoré.

Si, voulant jouer un rôle nouveau sur la scène politique, vous eussiez consulté ces penseurs philosophes qui ont traité avant vous ces hautes questions de souveraineté et de propriété, tels que Puffendorf, dans son *Traité sur les devoirs de l'homme et du citoyen,* ainsi que le citoyen de Genève, s'ils vivaient aujourd'hui parmi nous, s'ils avaient entendu les absurdités que vous avez débitées gravement, ils vous diraient que vous êtes bien malade, monsieur le marquis; ils vous diraient aussi que vous avez rêvé un système de gouvernement d'une déception bien coupable. Vous demandez l'égalité ; mais n'avez-vous pas dans nos institutions toute égalité morale ? car par égalité vous n'entendez pas sans doute l'égalité physique. Votre maître d'école aux Ormes , vos paysans, ne sont-ils pas égaux avec vous devant la loi ? craignent-ils de se défendre ou de vous attaquer pour discuter leurs droits et leurs intérêts? Avez-vous quelque influence pour repousser la justice des réclamations qui vous appellent devant la loi ? La loi n'est-elle pas pour eux comme pour vous le rapport de la justice avec l'intérêt de chacun ?.... Que demandez-vous donc , monsieur le marquis ? la loi a-t-elle deux mesures ? donne-t-elle deux espérances ? y a-t-il quelque despotisme qui tienne devant cette organisation civile ? n'en avez-vous pas souvent usé ? car les actions des hommes se montrent tôt ou tard au tribunal de la société , et ses jugemens , monsieur le marquis, y sont sans appel.

Quoi ! vous n'êtes pas fatigué de parcourir cette carrière de discussions politiques qui vous ont coûté tant de veilles , tant d'agitation , comme vous le dites ; depuis l'assemblée constituante , et n'ont jusqu'ici ni agrandi la fortune de vos pères, ni rien ajouté à l'illustration de vos ancêtres , ni même recueilli pour vous-même une moisson abondante de suffrages dans l'opinion de vos contemporains.

Monsieur le marquis, qu'avez-vous voulu dire par le droit de propriété? Personne ne l'a compris. Qui vous dispute la vôtre? N'est-elle pas sous la garde de la loi? Vos paysans des Ormes ne demanderaient pas mieux que de tenir de votre générosité libérale et du patriotisme dont vous faites une profession de foi si consciencieuse et si publique, le partage de vos terres, que nous avons vues autrefois si fertiles, en vous en réservant une portion honorable, pour être toujours parmi eux le père de famille, leur guide et leur consolateur? Combien vous recueilleriez de bénédictions des générations qui vous survivraient! Tel serait le système républicain en action enveloppé dans votre déclaration. Voilà un de ces actes qui honoreraient l'association philantropique qui trouve en vous un défenseur inébranlable qui ne craint ni les clameurs publiques, ni les jugemens de la postérité. Mais, vos auxiliaires imiteraient-ils les sacrifices auxquels vous vous condamneriez volontairement? Ils retentiraient en Europe, monsieur le marquis, et la France reconnaissante, cette France nivelée, au moins dans votre département, verrait en vous le fondateur d'une ère nouvelle de bonheur, qui ferait taire tant d'ambitions qui s'agitent autour de vous, et qui deviendrait le terme de votre repos.

Voilà, monsieur le marquis, l'impression qu'a faite sur moi la première partie de votre discours à la chambre. Si j'avais à raisonner en politique,

je me repose sur votre indulgence et votre bon
esprit. Je passe à la seconde partie de votre discours. Vous avez demandé si on était satisfait de
votre définition du droit de propriété, qui est, à
la vérité, enveloppée un peu obscurément dans
le système de votre association des droits de
l'homme.

Les avis ont été partagés : les uns ont dit oui,
ils en avaient assez entendu ; les autres ont dit
non. Une foule de voix assez fortes se sont fait
entendre, et ont demandé votre profession de foi
sur le serment. Vous avez offert des explications ;
vous avez demandé d'être écouté avec attention ;
vous l'avez obtenu : un profond silence a succédé
à l'agitation que vous aviez causée ; vous avez re-
pris haleine et recommencé avec une solennité
remarquable votre opinion, avec cette présence
d'esprit et cette profondeur de raisonnement qui
a occupé toute la chambre ; on s'est cru transporté
au milieu de ce forum où Ciceron et Hortensius
ont acquis une renommée immortelle ; vous avez
parlé en homme indépendant avec cette éloquence
libre qui a écarté tous les obstacles.

Mais voici, monsieur le marquis, comment ces
orateurs entendaient l'éloquence.

L'éloquence est le fruit de l'éducation, de l'instruction et de l'imagination. L'orateur doit s'élever,
prendre l'essor, quelquefois entrer en fureur et
s'abandonner, souvent même côtoyer le précipice.
Il n'est ordinairement rien de haut et d'élevé,

comme dit Pline, qui ne soit tout près d'un a-
byme.

Vous avez pu vous égarer, monsieur le marquis,
pour éviter les écueils, ou pour mieux dire vous
ne les aperceviez pas, tant vous étiez enflammé
de patriotisme lorsque vous vous êtes jeté à travers
la souveraineté du peuple.

Mais, monsieur le marquis, il semble qu'il faut
que l'orateur et la loi tiennent le même langage,
car, quand la loi parle d'une manière et l'orateur
de l'autre, on doit, dit un ancien orateur, donner son suffrage à l'équité de la loi, et non à l'im-
pudence de l'orateur; j'adopte ce sytème. Voyons
maintenant, monsieur le marquis, si nous nous
entendons sur l'opinion que vous avez établie sur
la souveraineté du peuple.

La souveraineté qui réside dans le corps de la
nation est la plus absolue qu'on connaisse; elle
est incorporée dans le peuple, et l'intérêt du peuple dans la souveraineté.

Je ne veux pas me reporter aux circonstances
qui ont amené l'état actuel des choses. Nous
avons recommencé une nouvelle vie politique lorsque le trône est devenu vacant par l'abdication du
roi et de son fils, et par la volonté du peuple qui
a voulu exercer sa souveraineté : c'est un fait ir-
récusable; le peuple de la capitale s'est spontanément levé et armé; voici comment ce grand événement s'est opéré et quelles en ont été les suites.

Lorsque le peuple défère sa puissance à un citoyen pour le temps de sa vie ou à perpétuité dans sa famille, il est certain que celui qui reçoit ce pouvoir est souverain, et, vous conviendrez, souverain très-légitime ; le peuple alors s'est dépouillé et dessaisi de sa puissance pour l'investir. *Et in eum omnem potestatem transtulit.*

Cette puissance est temporelle ou perpétuelle avec les conditions qui lui sont imposées.

Voilà le principe de la souveraineté, comme l'ont toujours entendu tous les publicistes : voilà comme elle a toujours été comprise, avant la formation des sociétés civiles! Les hommes alors épars ayant senti le besoin de leur réunion, soit pour être défendus contre les invasions étrangères, soit pour arrêter les désordres de l'anarchie et de la confusion, durent jeter les yeux sur ceux qui leur paraîtraient les plus grands par leurs lumières et par leurs moyens. C'est ainsi que se sont formés les empires dont les dénominations sont arrivées jusqu'à nous. Ceci est historique, monsieur le marquis.

Lorsque le grand khan de Tartarie était mort, les chefs et le peuple, à qui appartenaient le droit d'élection, choisissaient son successeur parmi ses fils ou ses neveux, ils l'asseyaient sur son trône, en lui disant : Nous te prions, nous voulons aussi que tu règnes sur nous; le roi répondait : Si vous le voulez ainsi, il faut que vous soyez prêts à faire ce que je vous commande ; et on obéit.

Ainsi, vous le voyez, monsieur le marquis, la souveraineté élective est celle dont le pouvoir est confié à un souverain, seulement pendant sa vie; tandis que par la souveraineté héréditaire et perpétuelle, la nation, en choisissant le souverain, lui transmet le pouvoir entre ses mains et dans celles de ses héritiers, par ordre de primogéniture reconnu par la loi, jusqu'à l'extinction de la famille. Jusqu'à cette époque, la souveraineté du peuple est sans action; alors seulement elle rentre dans son droit primitif, elle l'exerce conformément aux vues d'ordre et de paix qui sont le but des sociétés civiles, et, comme le dit Cicéron, il n'y a rien de plus agréable à la divinité suprême qui gouverne l'univers, que les sociétés civiles ainsi légitimement formées.

Je m'arrête là, monsieur le marquis, dans cette digression sur la souveraineté du peuple, dont vous avez entretenu la chambre, et où vous avez si brillamment manifesté votre opinion sur les devoirs qu'elle vous impose.

Vous avez montré, monsieur le marquis, dans cette première partie de votre discours, ainsi que je l'ai fait remarquer, toute la sagacité et toute la pénétration qu'on devait attendre de vous; voyons maintenant comment nous nous entendons sur les engagemens que vous avez contractés en vous dépouillant de votre portion de souveraineté; c'est là où je vous attendais; car ici il faut raisonner morale; la politique est un champ vaste dans lequel vous avez pu vous égarer, vous n'aviez de guide que votre imagination brûlante de patriotisme, et peut-être d'ambition, pour vous faire remarquer dans l'histoire de nos guerres civiles, cruelles sans doute pour tous les partis, mais particulièrement pour les bons Français. Mais en morale, monsieur le marquis, la ligne est toute tracée, on n'en peut sortir sans s'égarer malheureusement et sans violer la foi, je vous vois en danger. Le serment, monsieur, est un acte absolu de l'homme, un engagement sacré envers la divinité, la pensée doit être d'accord avec l'expression; il ne cesse d'être obligatoire que lorsqu'il y a impossibilité à le remplir; la terreur des supplices, la crainte même de la mort, disent les moralistes, ne peut absoudre celui qui l'a volontairement prêté, il manquerait à son engagement, et deviendrait parjure; vous étiez loin, sans doute, d'en avoir la pensée, lorsque vous l'avez prêté. Je vois cependant, monsieur le marquis, que vous ne vous étiez pas donné la peine de remonter à l'origine de cette institution qui lie les hommes en appelant Dieu à témoin de leur serment; est-ce qu'il n'y aurait pas un Dieu pour vous, monsieur le marquis? je ne pense pas que vous soyez descendu si bas, car les barbares eux-mêmes reconnaissent si bien qu'il en existe, que Plutarque dit : « *nulla* « *est gens neque tam fera neque tam imman-* « *suela quæ etiamsi qualem habere Deum deceat,* « *tamen habere Deum non sciat.* »

Et vous, monsieur le marquis, vous, né au sein du christianisme, entouré des pratiques religieuses de vos pères, vous me paraissez bien peu instruit sur la morale qui concerne la foi du serment; votre éducation aurait donc été bien négligée à cet égard. Vous me saurez gré de vous faire rentrer dans le devoir qu'elle impose à tout homme qui veut vivre en société; il a fallu, monsieur le marquis, ce frein à la corruption humaine. Vous dites que le premier de tous vos sermens est d'obéir à la *souveraine volonté du peuple*, vous croyez donc au pouvoir du serment? je vous en félicite, vous me rassurez et m'étonnez, car la violation du serment est une impiété, et le parjure jamais ne s'absout de son crime. Mais à mon tour, je vous demande où est la souveraineté du peuple; je sais bien comme vous, que chacun la porte avec soi, vous l'aviez vous-même le 29 juillet, mais le soir, mais le lendemain, lorsque le peuple de la capitale a prononcé sur la destinée de la France, il a consommé son pouvoir; il n'a pu le retenir, il a abandonné le *forum*, il est rentré dans les habitudes de paix et dans les mouvemens de la vie domestique, on lui a présenté un lieutenant-général du royaume, et immédiatement après un souverain, et dès l'instant les désordres ont cessé dans la capitale, et à la confusion et à l'anarchie sanglante qui avait jeté l'épouvante dans les familles, a succédé un calme parfait. L'ordre public s'est organisé au milieu de toutes les classes de la société. Ainsi, monsieur le marquis, vous vous êtes dessaisi vous-même de cette souveraineté en faveur du prince que vous avez choisi librement et volontairement sans consulter ses dispositions ; vous avez été l'arracher à ses jouissances domestiques dans son domaine de Neuilly, car il n'a pu avoir, vous le savez bien, aucune influence à son élection, il n'était point présent au vœu qui s'est manifesté.

Quelles sont les voix qui se sont opposées à cette proclamation sur les places publiques ? Lorsque le prince fut porté en triomphe à l'Hôtel-de-Ville, pour y recevoir les suffrages universels de toutes les classes, de toutes les sociétés, a-t-on entendu proférer le mot république ?

A-t-on vu sur les places publiques de la capitale, faire violence à l'opinion publique ? S'y est-il présenté en armes, en conquérant, en usurpateur ? Y a-t-il répandu de l'argent pour obtenir les suffrages de tout un peuple assemblé pour délibérer sur sa destinée ? Était-il à la tête de la force armée pour faire prononcer sur son élection et s'emparer du pouvoir ? Le peuple ne l'a-t-il pas choisi lui-même et proclamé souverain ? N'a-t-il pas exercé librement et sans obstacle toute l'étendue de sa souveraineté au milieu de la confusion générale qui était répandue dans tous les quartiers de la capitale ? Les chambres ne se sont-elles pas empressées immédiatement pour faire cesser l'anarchie, et confirmer l'élection de Louis-Philippe, résolue pendant les trois grandes journées qui feront époque dans les monumens de l'histoire de la nation?

Voilà, monsieur le marquis, où s'est terminée l'action de la souveraineté du peuple : elle a été d'abord remplacée par la lieutenance générale du royaume, et immédiatement après la royauté a été proclamée par la réunion des chambres qui a remplacé la volonté souveraine du peuple, et ainsi la France a été informée sans retard de ce mémorable événement, et y a attaché son adhésion.

Aujourd'hui, monsieur le marquis, la souveraine volonté du peuple a disparu, elle réside aujourd'hui dans le roi, dans la chambre des pairs et dans la chambre élective : n'en invoquez pas d'autre, monsieur le marquis, c'est à celle-là que vous avez prêté votre serment, toute autre opinion est une déception, une révolte, une chimère, après laquelle vous courez comme un effréné, ainsi que vos amis et vos auxiliaires *des droits de l'homme* ; car sans cette institution, vous ne seriez pas aujourd'hui, à la tribune, le proclamateur de la révolte et de la folie. Ne vous abusez pas, monsieur, nous sommes tous les sujets de la charte, fondée sous le triple pouvoir; ainsi composée, nous devons lui obéir, si nous ne voulons pas nous rendre coupables de félonie : vous n'établirez jamais en France cette république, l'objet de vos vœux et de vos espérances, sur les débris de la royauté constitutionnelle ; vous ne persuaderez jamais à la masse de la nation, qui se compose de propriétaires et d'industriels, que la république peut fonder son bonheur ; vous aurez peut-être pour soutien une fraction de ces hommes que vous avez séduits et trompés dans la capitale et dans les départemens ; mais qui sont ces hommes qui sont devenus vos associés? je vous laisse le soin de les analyser. Voyez les succès qu'ont obtenus dans le banquet d'Arbois les Ga.-P., les Lab... Ils reculeront tous devant les dangers qu'ils ne pourraient éviter : si cette pensée, si cette espérance a pu soulever l'ambition de quelques intrigans pour arriver au pouvoir, qui pourra s'attacher à leur ambition? qui leur fournira la force matérielle pour livrer le combat? Ils ne trouveront nulle part ni appui, ni sympathie ; croyez-le, monsieur le marquis, l'armée nationale qui vous combattra sera composée des propriétaires, d'industriels, de tous ceux qui ne veulent plus voir se renouveler les jours funestes, dont le souvenir n'est point effacé, de nos douloureuses souffrances ; tous s'uniront contre cette coupable entreprise et contre ses auteurs ; toutes les classes de la société y seront engagées, et l'Europe qui contemple le mouvement de cette machine politique d'insurrection qu'on cherche à étendre chez tous les peuples, et qui s'alimente d'espérances pour briser le règne des lois, pour épouvanter par la terreur, comment l'Europe verrait-elle cette perturbation constante qui placerait la France hors de toutes les relations politiques que les souverains ne voudraient plus entretenir avec nous?

C'est un problème à résoudre, monsieur le marquis, avec vos amis et les auteurs de ces feuilles
périodiques qui ne laissent un seul acte du gouvernement sans le combattre, et le lendemain pas un
jugement politique rendu par la sagesse des magistrats entourés de l'estime publique, sans qu'il
ne serve de prétexte à une insurrection ou à une
émeute de la part des auxiliaires de votre association, qui veulent à tous prix le renversement de
nos institutions : mais, monsieur le marquis, où
tous vos savans, vos jeunes écrivains, placés au
premier rang des pamphlétaires du jour, où ont-ils
puisé tant de connaissances humaines en politique
et en législature?... C'est un de ces phénomènes
que l'esprit humain a peine à comprendre... Ce
n'est plus par l'étude, par la méditation et par
l'expérience qu'on acquiert la science de gouverner et d'éclairer l'opinion publique : c'est tout
bonnement dans les feuilles périodiques où les
écrivains ouvrent l'arsenal des ordures, où se trouvent des armes qu'ils consacrent à nourrir l'inimitié et la maligne malveillance, et où se trouvent
les plans destinés à régir l'univers, à régenter les
conseils des ministres et à donner aux souverains
de l'Europe un nouveau genre d'éducation politique pour gouverner leurs états. C'est un lycée
où l'Europe viendra perfectionner sa civilisation
et sa souveraineté. Monsieur le marquis, il y a
dans les corps politiques des maladies comme dans
le corps humain, mais la plus dangereuse de tou-

tes les maladies est celle qui vient de la tête. Je vous plains, car je vous vois bien malade, ainsi que vos auxiliaires.

Pour nous, monsieur le marquis, nous nous en tenons à l'antique souveraineté que des circonstances douloureuses ont ramenée parmi nous. Vous applaudirez un jour à son résultat, et vous jugerez qu'il n'y a eu ni séduction, ni usurpation en plaçant Philippe d'Orléans sur le trône ; vous serez même forcé de convenir, monsieur le marquis, que l'organisation sociale et politique a pris, dès ce moment, un caractère de vérité qui doit donner de la sécurité aux hommes qui aiment leur patrie ! N'est-ce pas par lui que tous les rangs de la société se sont rapprochés, que toutes les distinctions deviennent le patrimoine de tous, qu'il ne repousse des places que les intrigans et les malveillans, et les hommes d'un parti honteux qui craignent la lumière et qui sont devenus la source de tant de désordres qu'ils cherchent à perpétuer et rappeler parmi nous les horreurs de la guerre civile qu'ils organisent dans l'ombre pour recommencer les crimes dont nous conserverons longtemps le douloureux souvenir. Et vous, monsieur le marquis, vous venez après quatre ans de complots, d'assassinats, après les longs gémissemens qui se font encore entendre et qui épouvantent même les dernières classes de la société, qui sont les instrumens des émeutes, et qui finissent par en être les victimes.

Vous venez au milieu de la scène orageuse des passions politiques, vous, choisi pour être un des législateurs de la France, pour concourir à la confection de ses lois, pour unir la sagesse de vos lumières à la sollicitude du gouvernement du roi, vous vous présentez à la tribune, non-seulement en membre hostile de l'opposition, mais en chef de parti qui cherche à renverser le gouvernement établi, et vous vous déclarez l'un des puissans protecteurs de cette association dont vous êtes un des chefs, le plus prononcé, et dont vous faites circuler une déclaration dans toute la France pour réveiller les passions, et appeller encore les horreurs de la guerre parmi des paisibles habitans qui jouissent de tous les avantages d'une paix si désirée, après tant de troubles et d'agitations.

Quoi ! monsieur le marquis, vous n'avez pas craint, après avoir prêté plusieurs fois le serment qui vous a décoré de la pourpre législative, vous n'avez pas craint de vous montrer parjure en rétractant tous les sermens que vous avez faits, pour devenir un nouvel Érostrate qui veut incendier sa patrie ! ! !

Monsieur le marquis, il me paraît qu'on n'a pas fait entrer dans le perfectionnement de votre éducation combien le serment était sacré parmi les hommes. Voyons combien il avait de puissance et d'autorité même chez les Romains qui sont un peuple que vous voulez imiter.

« Pomponius, tribun accusé devant le peuple

« d'avoir retenu à la campagne, parmi ses escla-
« ves, son fils qui avait de la difficulté à s'expri-
« mer, et d'avoir retenu la dictature au-delà du
« terme prescrit par la loi (1) : son fils nommé
« *Torquatus*, se rendit secrètement chez Pom-
« ponius, et se trouvant seul avec lui, jura de le
« tuer, s'il ne jurait lui-même de cesser de pour-
« suivre son père....

« Pomponius jura d'abandonner ses poursui-
« tes, le peuple y applaudit après en avoir connu
« la raison, et Cicéron loue la fidélité de Pom-
« ponius, tant, ajoute-t-il, la sainteté du serment
« faisait alors impression sur les esprits ; il n'y
« avait pas, continue l'orateur romain, de lien
« plus fort pour empêcher les hommes de man-
« quer à leur parole.

« *Nullum enim vinculum ad astringendam*
« *jurejurando majores arctius esse voluerunt.*

(C., de off.)

« Voulez-vous d'autres exemples, monsieur
« le marquis? les Égyptiens punissaient de mort
« les parjures, comme coupables de deux grands
« crimes, l'un de violer le respect dû à la divi-
« nité, et l'autre de manquer à l'engagement le
« plus solennel parmi les hommes.

« Chez les Daces, ils étaient condamnés à aller

---

(1) Voyez le serment en matière politique et religieuse,
par le même auteur.

« *nus* comme des bêtes, et chez les Perses de
« joindre à leur nom celui d'eunuques ; ils attes-
« taient le soleil pour vengeur de l'infraction
« de leurs promesses. *Esto nunc sol testis.*

(Virg.)

« Voulez-vous d'autres exemples, monsieur
« le marquis ?

« Le Normand même ignorait le parjure. »   (DÉPRÉAUX.)

Et aujourd'hui, monsieur le marquis, vous voulez commenter celui que vous avez prêté, vous es-
sayez de lui donner un autre sens que celui de la
loi. Vous chicanez sur sa valeur et sur les devoirs
qu'il vous impose, vous mettez votre esprit à la
torture pour prouver qu'il n'est pas obligatoire
pour vous. Vous annnoncez hardiment par là que
vous ne voulez ni charte, ni roi, et vous osez tenir ce langage et vous déclarer parjure en présence de la France assemblée dans la personne de
ses représentans.

Je vous demande à mon tour si vous eussiez été
membre du parlement d'Angleterre, et que vous
eussiez prêté le serment du *test* ou de *testimonii*,
seriez-vous monté à la tribune pour y tenir le
même langage que vous avez exprimé dans votre
discours, dont vos amis même ont rougi? En Angleterre, monsieur le marquis, vous auriez été
traduit au banc du jury, et puni comme parjure et
félon ; répondez, monsieur le marquis.

Je suppose que si au milieu de cette scandaleuse

discussion que vous avez provoquée, au milieu de cette brillante témérité qui vous a conduit à la tribune, vous aviez reçu en rentrant chez vous un courrier de votre terre des Ormes qui vous annonce que les habitans de ce village se sont mis en insurrection, qu'ils ont pris les armes, et que voulant suivre le système républicain établi par votre *déclaration des droits de l'homme*, ils s'étaient rendus dans votre château, qu'ils avaient signifié à vos gens d'affaires qu'ils s'emparaient de votre habitation, qu'ils allaient s'y établir en vertu de leur souveraineté fondée sur vos principes et sur la violation de votre serment, qu'ils allaient s'en distribuer les meubles, diviser votre propriété en autant de familles dont se compose le village, dont la féodalité a disparu comme vous l'observez très-judicieusement. Que déjà la cognée abat les arbres du parc, que la maison est envahie et déjà occupée par vos anciens esclaves, que cependant, vous y trouveriez un abri si cela vous convient, et protection pour votre personne.

Je vous demande, monsieur le marquis, que feriez-vous? Quel parti prendriez-vous? Quelle puissance invoqueriez-vous? A qui vous adresseriez-vous pour faire respecter votre ci-devant propriété? Comment arrêteriez-vous cette invasion? Elle a sa garantie dans votre discours et dans les espérances prochaines renfermées dans cette déclaration, répandue avec profusion dans toute la France, pour tourmenter les masses? Mais vos vœux et ceux de vos auxiliaires ne seront point remplis, les masses sont tranquilles, les masses sont fatiguées de toutes les calamités qui les désolent, qui ne sont jusqu'ici que l'ouvrage des factieux : les masses repoussent les associations coupables qui sont devenues le ferment où sont combinés tous les crimes contre l'ordre social, où des écrits infâmes trouvent leur impunité.

Oseriez-vous vous adresser au gouvernement du roi, dont vous méconnaissez la légitimité ? Auriez-vous à vous plaindre de l'insurrection de votre commune, lorsqu'on met en usage tant de moyens pour soulever sur toute la France la masse des ouvriers, ainsi que l'ont préparé les commis voyageurs, les Jol...., les Cab..., les Garn..., les Laboiss.... et les Ja...., qui ont parcouru audacieusement les départemens pour faire des prosélytes à votre doctrine, dont le succès s'est manifesté encore à Lyon et dans une partie du midi, pour faire rétracter par des émeutes les sermens faits au roi et à la charte.

Vous rougissez, dites-vous, de répéter des vérités triviales, et moi, monsieur le marquis, je rougis pour vous des moyens dont vous vous servez pour dégrader votre nom, le rang que vous devriez conserver dans la société et les devoirs que vous impose le mandat que vous avez reçu.

Monsieur le marquis, vous n'auriez pas mal fait de fouiller dans vos archives de famille les exemples qui vous auraient servi de guide dans la carrière

politique que vous avez voulu parcourir. Vous auriez appris quels étaient vos pères qui se sont tant
illustrés par leur amour pour la patrie, par les
services qu'ils ont rendus pendant plusieurs siècles et par leur respect pour le souverain.

Vous auriez dû consulter, dis-je, ces archives
et les monumens historiques qui ne périssent jamais, vous auriez trouvé dans cette collection
d'hommes remarquables, René, né en 1396 en
Touraine, qui était fils de Pierre Voyer-d'Argenson, gentilhomme ordinaire de la chambre du
roi, et père de René Voyer-d'Argenson, inten-
dant de plusieurs provinces, où il acquit par la
sagesse de son administration une si éclatante
réputation par son désintéressement, par ses talens et par sa probité, que les généraux des ar-
mées le placèrent auprès d'eux pour leur servir
de conseil dans les combats, dans les siéges et
dans les retraites.... Ses talens fixèrent tellement
les regards du monarque, que lui ayant permis de
se retirer des affaires après la mort de sa femme
qui avait long-temps fait son bonheur, et se
croyant quitte envers la patrie, il se consacra à la
retraite et crut y trouver le repos.

Après tant d'années d'agitation et de travaux
utiles, il embrassa l'état ecclésiastique.... Mais le
roi sentant le besoin qu'il avait d'utiliser encore
ses talens et voulant ménager la paix entre la
Porte et Venise, le nomma ambassadeur extraor-
dinaire auprès de la république; il n'accepta cette

mission importante qu'à condition qu'elle serait terminée pour lui au bout d'un an, et que son fils l'y succèderait.

A peine arrivé à Venise, il fut attaqué d'une fièvre violente en disant la messe, et n'y survécut que peu de jours ; vous devez trouver auprès de son nom dans vos archives un traité de la *Sagesse chrétienne* et une traduction de l'*Imitation de Jésus-Christ*.

Votre jeunesse, monsieur le marquis, aurait bien dû s'alimenter de ces précieuses productions qui ont honoré sa morale, vous y auriez trouvé un frein contre cette espèce d'immoralité qui vous a mis si fort en évidence aux regards de la société et du jugement de la postérité.

Je continue cette chronologie historique, monsieur le marquis, elle est nécessaire pour vous. René, son fils, conseiller d'état, lui succéda à l'ambassade de Venise, et le sénat, en considération des services que le père et le fils avaient rendu à la république, lui accorda ainsi qu'à ses descendans, la permission d'ajouter sur le tour de ses armes, celles de la république avec *le lion* de Saint-Marc pour *cimier*.

Le fils de ce dernier vit le jour à Venise, la république voulut être sa marraine, elle le fit chevalier de Saint-Marc et lui donna le nom de cet apôtre. Louis XIV le combla de bontés et de confiance en lui donnant la place de lieutenant de police dans la capitale, il devint garde des sceaux après la mort de ce prince; et après lui, nous avons vu presque de nos jours, deux ministres de votre nom, l'un ministre de la guerre et l'autre ministre des affaires étrangères.

Et encore aujourd'hui, monsieur le marquis, n'aviez-vous pas devant vous un haut fonctionnaire de l'état, dont le grand-père a été la gloire de nos armes, le maréchal de Broglie, que la renommée a suivi dans sa retraite, où il a échappé à la mort et à tous les malheurs que préparaient à la France les troubles des guerres civiles qui s'y sont organisées par l'ambition des factieux, dont son fils, le prince de Broglie, a été une des premières victimes et dont il l'aurait été lui-même, s'il n'avait trouvé sa sûreté sur une terre hospitalière où il a terminé son illustre carrière; et c'est la famille de ce général à laquelle vous aviez associé vos jouissances domestiques en épousant madame la princesse de Broglie qui vous avait confié la tutelle de son dernier rejeton, qui a joui dans son éminente position de la confiance du souverain, de l'estime publique et de celle que lui donnait ses relations avec tous les souverains de l'Europe par la considération qui s'attache à sa personne, à sa probité et à son amour pour sa patrie, et c'est aujourd'hui que vous repoussez une alliance dont vous deviez être jaloux et vous désertez un patronage qui devait vous honorer?

Quelle espèce de délire vous a poussé hors des bornes de la raison et de toutes les convenances que vous deviez respecter!! Combien vous auriez acquis de suffrages et d'intérêt si vous aviez marché dans votre carrière politique, sous les banières que j'ai mises sous vos yeux! Mais répétons le mot, monsieur le marquis, vous ne voulez ni roi, ni charte, vous avez mieux aimé vous livrer aux passions politiques dont vous vous êtes enivré; vous le savez bien, elles n'ont ni agrandi votre fortune, ni ne vous ont placé avantageusement dans la mémoire des bons citoyens; vous avez associé votre nom et votre indépendance à des hommes qui se jouent de vous, dont la biographie vous couvrirait de honte, et qui vous entraînent dans des espérances qui ne se réaliseront jamais; vous vous déclarez avec eux hautement l'ennemi du roi et de la patrie, en appelant à votre secours les émeutes et une nouvelle république, dont vous serez proclamé le tribun.... pour récompense de vos sacrifices et de la honte dont vous aurez flétri votre nom qui sera réduit à *zéro* de votre vivant.

Souvenez-vous, monsieur le marquis, de ce qu'a dit un orateur célèbre, « que les enfans de « la magnificence et de la gloire sont rarement « les enfans de la sagesse et de la vertu, et que « lorsqu'on s'est égaré, il est plus rare de soutenir la gloire et les honneurs auxquels on « succède, que de les acquérir soi-même. » Vous réalisez la sagesse de cette maxime.

Ce qu'il y a de plus affligeant pour vous, monsieur le marquis, c'est que pas un membre de votre association n'est venu à votre secours dans cette lutte à la tribune où vous avez figuré seul, en enfant perdu, sans respect pour votre nom, ils vous ont abandonné sur la scène politique comme ils ont abandonné le 5 et 6 juin sur la place publique de la capitale les instrumens qui étaient à leur solde pour renverser le gouvernement et étendre leur attentat sur la personne du roi.

Je vous prédis, monsieur le marquis, que leur mémoire et la vôtre périra avec fracas : *Peribit memoria eorum cum sonitu*. Vous êtes encore assez jeune pour être témoin de cette catastrophe, je fais des vœux pour que vous n'en soyez pas l'une des victimes, car ne vous y trompez pas, monsieur, vous n'êtes pour ces hommes qu'un moyen, croyez-le bien ; s'ils réussissaient dans leurs coupables manœuvres, au jour du triomphe, ils vous laisseraient bien loin derrière eux, à moins que vous ne consentiez à partager *leurs moyens de gouvernement* qui sera la terreur, et comme ils le disent entre eux *une terreur salutaire* indispensable pour arriver à une régénération politique : voilà, monsieur, leur langage.

Je viens, monsieur le marquis, vous proposer un moyen pour échapper au naufrage dont vous êtes menacé de si près. Rappelez-vous ce que fit Théodose, après les événemens qui se passèrent par ses ordres à Thessalonique ; il se rendit à la cathédrale de Milan ; saint Ambroise lui en refusa

la porte et le condamna à une pénitence publique ;
il s'y soumit.....

Vous aurez aussi lu, monsieur le marquis, ce
que fit Assuérus, qui avait rendu un édit sangui-
naire. Éclairé sur le crime qui lui avait été injus-
tement inspiré par ses courtisans, il se hâta de
rendre une ordonnance par laquelle il révoqua la
sentence, et ne craignit pas d'avouer que des
flatteurs séditieux avaient abusé de sa confiance.
Pourquoi craindriez-vous, monsieur le marquis,
d'imiter les grands exemples que je viens de mettre sous vos yeux ? Pourquoi craindriez-vous de
vous associer à la gloire et à la haute réputation
que ces grands personnages ont laissées parmi nous.
De tels souvenirs s'y perpétuent depuis tant de
siècles ! Vous êtes homme, monsieur le marquis,
et cette opinion publique que vous bravez, et
cette terre que vous foulez aux pieds, ne seront
pas pour vous un domaine éternel. La vie, vous
le savez, n'est qu'un éclair, et cette vie n'est
qu'un point dans l'éternité.

Rompez, rompez, il en est temps, monsieur le
marquis, avec ces hommes qui vous ont enveloppé
sous leur réseau ; faites l'aveu public de votre
égarement, les feuilles publiques auront soin d'en
faire la proclamation ; elle retentira partout où
on a proclamé le scandale que vous avez donné,
non-seulement en France, mais chez tous les
peuples où vos erreurs ont pénétré ; ils y attacheront un suffrage qui deviendra pour vous et pour,

les restes de votre famille un dédommagement qui sera peut-être le seul héritage que vous leur laisserez à l'avenir.

Voyez, monsieur le marquis, ce que produisent encore dans ce moment ces irritations politiques et ces inconvenances à la tribune, qui ne sont ni françaises ni parlementaires, ni le résultat d'une bonne éducation. Nous avons à déplorer de nouveaux malheurs qui portent le deuil dans une famille honorable et dans le cœur de ses amis, et je le dis, dans celui des hommes qui aiment la paix et la prospérité de la France, qui ne voient qu'avec horreur la propagation des principes subversifs de nos institutions et du gouvernement du roi. Leurs efforts se briseront devant une sage et sévère fermeté qui ensevelira les auteurs de tant de scandales dans la honte et le mépris qui sera leur seule récompense.

Voyez encore ce que produisent ces écrits infâmes, ces caricatures déhontées, que la loi ne peut atteindre que difficilement ; les gens de bien les méprisent, mais la crédulité du peuple s'en alimente.

Vous parlez de liberté, monsieur le marquis ; y a-t-il dans l'Europe civilisée un peuple plus libre qu'en France ? Ces écrivains qui sont les défenseurs de votre système des droits de l'homme et de votre serment *à la souveraineté du peuple*, et vous-même, monsieur le marquis, n'en usez-vous pas largement ? Chaque jour, à la tribune, ne donnez-vous pas un scandale à la société ? Cette licence de la presse, qui est une ivresse continuelle du débordement de toutes les passions, n'est-elle pas encouragée par l'impunité qu'elle trouve ?

Et cette liberté, qui est la fille chérie de vos affections, est-elle la liberté des lois que le gouvernement vous doit ? Et ce journal populaire, fait par un quasi-prolétaire, croyez-vous que ce soit uniquement par philantropie d'amour et d'intérêt pour l'instruction des ouvriers qu'il fait gémir les presses, qu'il en alimente les ateliers pour en faire des politiques ? Il a soin d'y joindre des lecteurs à gages, qui les parcourent chaque jour, pour leur faire comprendre la destinée que vous leur préparez en leur ouvrant la voie des insurrections et des émeutes, qui n'ont pas augmenté jusqu'ici leur fortune, ni donné plus d'aisance à leurs femmes et à leurs enfans.

Ils se désabuseront, monsieur le marquis, de ces séductions coupables ; ils ne s'exposeront plus aux incarcérations et aux punitions qui les attendent ; l'expérience leur a appris ce qu'ils devaient espérer des infâmes complots contre la sûreté de l'état.

Les ouvriers de toutes les nations et de toutes les parties de la France ne se réunissent dans les grandes cités que pour y trouver ce que leur refuse souvent la chaumière de leur père ; ils fuient la misère de leurs familles pour les secourir dans leur indigence et travailler pour se créer pour eux-mêmes un patrimoine où pourra se réfugier leur vieillesse, souvent anticipée. (Voyez ce que produisent les caisses d'épargne.) Que ce prolétaire, avec son journal populaire, les laisse tranquilles dans leurs ateliers, sa haute philantropie n'en fera jamais des hommes de tribune.

Je sais bien qu'il en a fait le dénombrement dans la capitale, qu'il les a classés pour en faire l'appel au besoin ; que les décuries et les centuries sont fixées ; que les triumvirs, les décemvirs , les centumvirs et les chefs de ce gouvernement sont nommés *in peto*, que chacun a son poste indiqué ; voilà, monsieur le marquis, cette nouvelle république organisée sur le papier et dans l'affection du *Populaire*.

Mais, quel sera le résultat de ces veilles, de ces agitations et de ces espérances ? Quelle fortune produiront-elles à ces malheureux ouvriers ? Le pillage ? ils en repoussent l'idée... Les conduiront-elles sur le champ de bataille, où les attendront toutes les classes des propriétaires armés ? Non ; ils resteront toujours ouvriers occupés de leurs travaux ; ils n'entendront plus la politique du crime et ne feront plus des vœux pour le renversement de nos institutions.

Je veux mettre, monsieur le marquis, sous vos yeux, un fait que vous ignorez sans doute, et qui va vous prouver ce qu'ont gagné les malheureux ouvriers charpentiers qu'on a entraînés à la révolte pour une augmentation de prix. Ils ont cessé leurs travaux pendant un mois ; le calcul a été fait de ce qu'ils ont perdu pendant ce laps de temps, cela s'est élevé à plus de cent mille écus. Croyez-vous, monsieur le marquis, que ce soit un encouragement pour des pères de famille pour qu'ils se montrent en armes sur la place publique, et aider de leurs bras la persistance des factieux pour renverser le gouvernement que le vœu de la nation entière veut maintenir ? Voyez encore quel a été le résultat des autres classes d'ouvriers, sur lesquels se fondaient les espérances de ce *Populaire ?* L'incarcération, les jugemens, les amendes, ont été le fruit des prédications, des motions séditieuses qui ont séduit et trompé des hommes dont l'intelligence se trouve bornée à apprendre un métier pour gagner honnêtement leur vie ; et ce *Populaire* voudrait en faire des politiques ! ! !

Cette lettre, monsieur le marquis, pénètrera dans tous les ateliers de la capitale et des grandes villes qui ont été empoisonnées par des maximes séditieuses qui ont troublé l'harmonie sociale qu'on s'occupe de réprimer ; la chambre des pairs en sentira le besoin.

Ne voyons-nous pas encore, monsieur le marquis, vos collègues, les Cabet et autres, associés au système des droits de l'homme, arriver jusqu'aux marches du trône pour y insulter la personne du roi, celle de ses ministres, et se réfugier dans la confiance qu'il plaçait dans la cour d'assises, où il espérait que ses paroles criminelles, ses intentions perfides, et le scandale le plus insolent qu'ils viennent de donner, trouveraient l'impunité. Le jugement qui vient d'être rendu a trompé ses espérances (du sieur Cabet) et celles de ces hommes illustres qui avaient accouru à sa défense pour justifier le crime.

Les hommes dont se compose cette haute cour sont des hommes consciencieux, ils sont pères de famille, ils ne composent pas avec le crime. Le jury n'a pas été créé pour applaudir aux passions. Ces magistrats ont su braver les menaces sans s'effrayer de leur audace ; ils ont prononcé au nom du repos public ; ils feront cesser enfin cette licence effrénée, quel qu'en soit l'auteur et quelque rang qu'il tienne dans la société et dans la politique ; ils suivront la marche des factieux qui n'abandonnent pas la résolution d'arriver au pouvoir en renversant celui qui existe.

Cette cour de justice n'ignore pas une loi provoquée en Dannemark par une conspiration contre le trône, comme celle qui s'est formée en France par les factieux, par leurs feuilles périodiques et par leur permanence pour arriver au pouvoir.

La voici, monsieur le marquis ; je vous invite à la lire et à la méditer. Vous verrez quel supplice était infligé aux auteurs outrageans et injurieux à l'honneur du roi, de la reine et de la famille. Je la joins à cette lettre, qui sera distribuée

dans tous les départemens ; et on commencera
par le vôtre , monsieur le marquis.

« Celui qui aura tenu des discours outrageans
« et injurieux à l'honneur du roi , de la reine,
« et de ses enfans , ou qui aura attenté à leur
« vie , sera condamné à perdre son honneur ,
« ses biens et sa vie ; il aura la main droite
« coupée ; son corps , mis en pièces , sera exposé
« sur une roue , sa tête et ses mains attachées
« à un poteau , et si le coupable est d'une con-
« dition noble , ses armes seront brisées par la
« main du bourreau. » Je ne saurais assez répéter
l'existence de cette loi.

Voilà, monsieur le marquis , un avertissement
salutaire , quoiqu'un peu féodal , pour les auteurs
de ces écrits impudens et orduriers qui circulent
pour attaquer la personne du roi et de son auguste famille. Voilà aussi un avertissement pour
ceux qui les paient pour les colporter *gratuitement*, ces infâmes pamphlets, dans tout le royaume.
De tels excès ne peuvent plus se prolonger sans
mettre en péril la chose publique et soulever
contre nous l'opinion de toute l'Europe. Le gouvernement et les chambres y mettront un terme ,
et il ne restera plus aux auteurs que la honte et
le mépris qui sera le résultat de leurs indignes
complots. Je désire , monsieur le marquis , que
cette lettre devienne pour vous un avertissement
salutaire.

Je croyais , monsieur le marquis , que la tâche

que je m'étais imposée serait terminée ici ; mais les événemens dont votre association *des droits de l'homme* a été la source, et la distribution du journal populaire, l'occasion, me permettent encore de continuer cette lettre, déjà trop longue.

Lorsque j'ai appris ce qui se passait dans la capitale, et surtout sur la place de la Bourse qui est devenue un nouveau théâtre de scandale et de crime.

Je pensais, monsieur le marquis, que les alarmes et les émeutes avaient cessé, ou du moins avaient suspendu leurs mouvemens. Les jours gras se prolongeaient dans la joie publique, les bals, les fêtes ; la bonne harmonie qui régnait partout avait ranimé le commerce, toutes les industries étaient dans la plus grande activité, les habitans de la capitale recommençaient leur bonheur de paix ; les alarmes ne m'inspiraient plus d'inquiétudes, le bon esprit de la garde nationale et de l'armée, qui sont la colonne sacrée de la tranquillité publique et de la paix domestique, avaient solennellement prononcé qu'elles avaient banni les alarmes par leurs efforts persévérans, aussi, je ne me représentais plus les boutiques fermées par la crainte du pillage, les marchands n'étaient plus inquiets sur le sort de leurs personnes et de leurs propriétés ; les promenades étaient remplies d'une immense population, le ciel était pur et encourageait toutes les classes de la société à profiter de cette belle journée, enfin toutes les jouissances étaient en action, peut-être vous-même, monsieur le marquis, vous aviez abandonné vos travaux politiques pour vous livrer à la joie publique, lorsque tout-à-coup, une nouvelle émeute organisée se forme dans les rues, et se présente en grand appareil hostile sur la place de la Bourse ; la scène change, de ridicule qu'elle était elle devient tragique ; on voit apparaître une foule d'hommes armés de toutes pièces, de bâtons ferrés, de poignards et de pistolets, mis en réserve ; le *Populaire* et son auteur, Cabet, à la suite du jugement des assises, a voulu jouer le dernier acte de sa déplorable tragédie : les auxiliaires accourent de toutes parts, les curieux se multiplient, la foule est immense, le plan de cette insurrection subite est inconnu aux spectateurs, mais il était prévu par la police : le *Populaire* est *abondamment et gratuitement* distribué, il se fait jour à travers toutes ces opinions, au milieu d'un mécontentement général.

La force armée se présente, la foule des curieux prescrit la modération, quelques attaques partielles commencent, la garde municipale ne dépasse pas la ligne des ordres qu'elle a reçus d'opposer la modération à l'audace des distributions du *Populaire*, elle subit avec calme l'insulte, les huées, les coups de pierres, quelques personnes sont de légères victimes de leur imprudente curiosité ; le sang n'a pas coulé..... Rassurez-vous, monsieur le marquis, les émissaires de votre association n'ont pas fait de pertes capitales dans cette mêlée, les chefs sont restés dans l'attente des événemens, un seul de vos collègues, M. Sal....., membre du 5ᵉ arrondissement de Paris, s'est chargé de tenir registre de la marche de cette irruption subite et inattendue, pour observer à son aise l'issue du combat : plein d'amour et de patriotisme pour les électeurs qui l'ont choisi pour défendre leurs personnes et leurs propriétés, il ne s'est point alarmé de voir la force publique dissiper les hommes affamés de désordre au nom de la *société des droits de l'homme* et du *Populaire*, il ignorait sans doute jusqu'où ces désordres pouvaient être portés, mais l'honorable Salv...., député, n'a vu, dans cette apparition de la force publique, qu'une violation coupable contre la distribution du *Populaire* et de son auteur, qui en était lui-même le principal distributeur ; ce surveillant des désordres qui étaient organisés, a voulu savoir le nombre des victimes qui avaient succombé, il a fait mettre dans les feuilles de votre parti son nom, le numéro de sa demeure, afin de recueillir les plaintes de ceux qui auraient été les victimes *de la fureur pacifique* de la force armée, il en a dressé de suite un acte d'accusation contre le gouvernement ; il avait besoin de montrer à la capitale, et surtout à la conscience de ses électeurs, que s'il avait jusque-là gardé le silence sur tant de désordres qui avaient désolé la capitale et affligé les bons citoyens, il avait par lui-même ou par ses agens fait surveiller les désordres, et qu'il se disposait à en rendre compte à la chambre élective ; j'ai été attendri, monsieur le marquis, de cette sollicitude pour les habitans de la capitale, qui ne s'empresseront pas de lui en témoigner leur reconnaissance aux prochaines élections.

Enfin, armé de cette enquête de famille, l'honorable député se rend le lendemain au Capitole, il monte à la tribune pour y dénoncer un grand attentat à la liberté des citoyens, l'effroi s'empare des esprits, l'acte d'accusation est dans ses mains.

Cette enquête effrayante très-régulièrement et très-consciencieusement dressée contre le ministre qui a osé donner des ordres, et se permettre de faire paraître la force armée au milieu d'un rassemblement de citoyens qui provoquaient publiquement un nouvel essai de désordres et de crimes en publiant la république.

L'honorable député n'a pas obtenu un grand succès dans cette première dénonciation, le ministre n'était pas à son banc pour y répondre. Il a fallu attendre au lendemain pour déployer encore le répertoire de son enquête, et soutenir son acte d'accusation.

Le moment fatal pour l'honorable député arrive enfin, il analyse son enquête, il accuse et interpelle le ministre, il le rend coupable de tous les excès qui ont été commis sur la place publique : les auxiliaires du *Populaire* viennent à son secours.

Le ministre a bien voulu répondre à ses inter-
pellations, car la chambre sait qu'un député n'ad-
ministre pas la France, qu'il coopère seulement
à la confection des lois, l'honorable député devait
savoir qu'un législateur ne descend pas à des fonctions qui sont incompatibles avec sa dignité, la
charte a fixé ses droits et ses devoirs ; il devait savoir que le ministre est responsable de l'exécution
des lois de police devant les juges établis. C'est là
où il fallait dénoncer son abus du pouvoir.

Le ministre a mis en poussière sur cet échafau-
dage d'une enquête qui n'est qu'un tissu de men-
songes et d'impostures, mais l'association des
droits de l'homme avait fondé la justification de
l'auteur du *Populaire*, qui venait d'être condamné,
sur l'énergie et sur l'érudition de son patron, et
sur son zèle patriotique ; nous verrons quelle im-
portance les électeurs y attacheront. Les ordres
du ministre ont été exécutés, les factieux jetés sur
les places publiques ont été dispersés, les désordres qu'ils avaient organisés dans leur plan d'atta-
que ont subi le joug des lois d'une répression
prompte et modérée : le ministre n'a pas reculé
devant l'audace qui compromettait la tranquillité
publique de la capitale ; il ne veut pas le pillage,
ni les assassinats, et je ne comprends pas qu'un
député du 5ᵉ arrondissement n'ait pas été le premier à déplorer à la tribune, les troubles, la confusion et les attentats qui font gémir chaque jour
les paisibles habitans de la capitale sur les dangers

qui menacent chaque jour leurs personnes et leurs propriétés. Nous n'avons jamais entendu sa voix s'élever à la tribune, pas même aux 5 et 6 juin, contre les assassins qui ont porté le deuil dans tant de familles, et sur les bruits audacieux qui enflamment chaque jour l'imagination d'une jeunesse inexperte qu'ils enivrent d'espérance, ainsi qu'une populace qui croit y trouver le pillage.

Si c'est par ces accusations que le dénonciateur a cru se préparer des suffrages au renouvellement des élections, ainsi que vous, monsieur le marquis, qui êtes le patron public de l'association, je ne pense pas que les électeurs puissent facilement oublier les maux qu'ils ont soufferts ; je déclare, monsieur le marquis, que si j'étais électeur, je repousserais de tous mes moyens les hommes qui ont abusé si audacieusement de la confiance de leurs commettans ; je leur ferais rendre compte de l'usage qu'ils ont fait de leur mandat et de leur patriotisme hyppocrite dont ils se sont couverts. Le temps des illusions est passé, monsieur le marquis, et croyez-le bien, les peuples se désabuseront de l'audace impie et de l'aveugle licence des écrivains et des factieux, quelque rang qu'ils tiennent dans la société, contre la stabilité, et la forme du gouvernement qu'ils cherchent à renverser. Ce sont des météores que nous verrons se dissoudre, et ne laisser après eux que l'infection et l'opprobre. Le gouvernement ne changera de maxime, ni de modération, ni de sévérité. Vos erreurs ambitieuses l'affermissent tous les jours dans l'exercice de son pouvoir.

Pénétrez-vous de cette vérité, qu'il n'y a de bonheur pour les peuples que dans l'ordre et dans la soumission aux lois; pour peu qu'ils s'écartent du point fixe de l'obéissance, le gouvernement ne saurait plus avoir de règle, chacun voulant être en lui-même sa loi; la confusion, les troubles, les dissensions, les attentats, l'impunité naîtraient bientôt de l'indépendance que nous devons re-pousser; l'expérience vous apprendra, mais tardivement, à vos dépens, ce que vous devriez connaître depuis long-temps, que le souverain ne saurait rendre son peuple heureux qu'en le tenant soumis à l'autorité des lois; il le fera, monsieur le marquis, malgré la persistance des factieux; les hommes passent, et, croyez-le bien, leurs crimes ne restent jamais impunis.

Jetez les yeux sur les jours dont le souvenir nous touche de si près. Voyez ce qu'a produit votre association des droits de l'homme sous votre patronage, sous celui de ce nouveau Valérius qui s'est appuyé sur votre opinion comme sur une garantie publique, ainsi que le chevalier aux éperons d'or, et ce savant européen qui se plaît moins à contempler les astres, à suivre leurs révolutions, qu'à défendre avec vous sur l'arène d'une association d'où sont sorties tant de calamités. J'honore le talent, mais j'en réprouve l'abus. Voyez tous les crimes qu'a commis cette association, toutes les perturbations dont elle a doté la société et qu'elle a étendu sur les grandes cités les plus industrielles de la France, pour les mettre en rebellion ouverte contre les maximes sages et modérées du gouvernement du roi.

Les remords vous suivront partout; partout où il y aura des hommes qui aiment leur patrie, votre association y sera en horreur à tous les bons citoyens. C'est l'*irremediabile scelus* dont rien ne pourra vous absoudre. Jetez les yeux sur le sort de ces populations que votre association a livrées dans le moment au désespoir. Rendez-vous compte du sang qui a été versé dans les rues de cette seconde cité de France, si florissante et si populeuse, qui est devenue si riche par son industrie, par ses séductions, par des espérances promises à ces enfans perdus de la révolte, par leur affiliation à vos doctrines républicaines, que vous avez proclamées par l'organe de vos commis-voyageurs, par ces hommes qui traînent après eux l'inviolabilité de leur mission. Vous ne l'ignorez pas aujourd'hui l'état de cette malheureuse ville qui est devenue le théâtre sanglant de la révolte et de la perversité dont vous avez enivré ces instrumens d'une dévastation qui cause à tant de malheureuses victimes une ruine incalculable. Insensé ! vous êtes au bout de votre carrière, ainsi que vos auxiliaires. Vous n'abuserez plus vos commettans par votre faux patriotisme et par des rapports mensongers. Qu'avez-vous recueilli de votre mission pour représenter la chose publique ? Le repentir d'avoir trahi une confiance que vous n'aviez pas méritée.

Vous avez reçu leur confiance !... Quel bien, quelle amélioration, avez-vous procuré à votre département ? Quelle sollicitude et quels soins avez-vous montré pour obtenir l'intérêt du pouvoir ? Vous lui avez promis la république, dont vous seriez un des tribuns ! Elle a été déjà plus d'une fois couverte de sang et de crimes, et vous voulez lui renouveler ce spectacle ? Une république !!! Et vous avez osé en renouveler l'espoir dans votre discours à la tribune et dans les assemblées de votre association, vous qui n'avez pas craint de la faire proclamer publiquement dans les rues de la capitale sous votre patronage ? Et, au moment où nous écrivons ces lignes, vous êtes informé comme nous que le sang a coulé dans les rues de Lyon pendant cinq jours ;... que le plan d'une insurrection générale, dans plusieurs villes, avait été concerté avec les écrivains de vos feuilles insensées et criminelles, et avec les émissaires qui sont venus recevoir dans la capitale le *mot d'ordre*, pour que toutes les affiliations présentent le combat le même jour et à la même heure, pour surprendre la vigilance de l'administration, soit à Lyon, à Saint-Étienne, à Besançon, à Arbois, à Grenoble, etc.

Je m'arrête, monsieur le marquis ; j'entends le rappel aux armes qui se fait entendre dans les rues de la capitale et dans les communes de la banlieue ; les citoyens courent spontanément, au cri du danger de la patrie , avec une ardeur et une unanimité de dispositions qui honorent leur patriotisme et leur fidélité au roi et à la patrie , qui sont menacés d'un imminent danger. La garde nationale et l'armée de ligne sont sous les armes. Le même esprit les anime , leurs vœux se confondent pour arrêter la marche des rebelles qui ont établi leur camp dans des rues étroites où on ne peut parvenir sans danger. Déjà les assassins se sont emparés de force de plusieurs maisons , qui leur servent d'asile , et d'où ils combattent avec sécurité. Le combat commence pendant la nuit du 13 au 14 avril. Au milieu de cette confusion où règne le désordre, le sang commence à couler ; les assassins profitent de l'obscurité des ténèbres pour voiler leurs complots ; une anxiété générale se répand dans tous les quartiers ; toutes les familles sont alarmées. L'armée prend ses positions pour attaquer les barricades et cette horde de brigands qui bravent toutes les mesures qui doivent les anéantir... Le jour enfin éclaire leur position... La force armée brave sans hésitation tous les obstacles qui se présentent... Les barricades élevées à l'entrée des rues sont enlevées à la baïonnette avec un intrépide courage... Les coups qui partent des fenêtres où se sont retranchés les brigands font des victimes dont nous déplorons la perte.

Le prince royal et S. A. R. le duc de Nemours,

son frère , se rendent sur le théâtre du combat ; leurs personnes sont désignées pour être les victimes de leur patriotisme et de leur dévoûment. L'histoire en conservera le souvenir... Plusieurs coups de feu sont tirés autour d'eux et font tomber des victimes à leurs pieds. Des pierres lancées des plus hauts étages tombent à leurs côtés sans ébranler leur courage... La force armée n'en devient que plus irritée et plus animée à les poursuivre... Les maisons sont forcées , malgré la résistance des assiégés... Les assassins pris les armes à la main sont châtiés... Mais , où trouver leurs chefs ?... Ils se sont lâchement dérobés du milieu du combat... Ils restent tous impunis... Ils ont abandonné leurs instrumens , ainsi qu'ils l'avaient fait au mois de juin , à une vengeance justement méritée... La lutte continue sous les yeux des princes jusqu'à ce que le dernier assassin est hors de combat , et que leurs asiles sont entièrement envahis... Mais , que de victimes n'avons-nous pas à déplorer , de familles à consoler , de pleurs à essuyer !... Et celles de ce père tendre , qui a vu son fils , sa plus douce espérance , être une première victime de la fureur et de la rage de ces hommes de sang ; à la solde de l'association. Quel tableau ne pourrais-je pas présenter à la douleur publique... et quelle devait être la pénible attente de la fin du combat pour le cœur de la famille royale , jusqu'au moment où cette horde de brigands a été dispersée, ou mise hors de combat, ou placée sous la main de la justice, qui doit donner un éclatant exemple pour l'avenir et éclairer la France et la postérité sur les buts des factieux.

Les princes et leur escorte se rendent immédiatement au palais des Tuileries, entourés des acclamations publiques et de tous les témoignages de l'affection et de la reconnaissance de tous les gens de bien.... Leur présence rassure la tendresse et les alarmes d'une famille, qui ne peuvent être comprises que par la vertu de nos pères de famille... C'est aux pères de famille à s'en faire le tableau, la plume de l'écrivain en affaiblirait l'impression, bientôt la France, dont les princes sont l'espérance et en feront un jour la gloire entière, étendra ses sentimens et sa réprobation à ceux de la capitale, en apprenant les périls qui ont menacé encore la patrie.... Que diront vos commettans, monsieur le marquis, quand ils apprendront que c'est cette association des droits de l'homme qui était sous votre patronage et celui de vos amis, qu'il a fallu combattre pour repousser le système d'une république proclamée audacieusement dans les places publiques et répandue dans plusieurs départemens....

La France, dans la personne des membres qui composent les deux chambres, s'est spontanément rendue auprès du roi pour exprimer à cette auguste famille l'horreur qu'elle attache à de si nombreux attentats contre la sûreté du trône et de la patrie. Et vous, monsieur le marquis, où

étiez-vous dans ce moment, ainsi que vos auxiliaires, dont les noms seront marqués dans l'histoire de ces jours funestes? Où étiez-vous? *Tu
solus perfremis*, non, vous n'étiez pas le seul qui
avez craint que le regard paternel ne vous fît
rentrer dans la honte et dans l'humiliation, vous
avez craint de vous présenter devant les princes
de cette famille auguste qui ont failli être les
victimes de vos affiliés, vous avez craint d'être
remarqué par les regards de ce roi généreux
dont vos feuilles rivalisent chaque jour d'insul-
tes et de scandale pour enflammer l'enthousiasme
de ces associations, et placer dans leurs mains
le glaive parricide qui doit assouvir leur haine
contre la royauté, servir de marchepied à votre
ambition et couvrir la France de deuil et de
crime. Rassurez-vous, la France ne périra pas,
et vos noms seront proclamés dans tous les colléges.

Le lendemain est pour nous l'espérance d'un
meilleur avenir.... Le lendemain, la misère croit
y trouver le terme de sa douleur et de son in-
fortune, et la France son repos.... Le lendemain prépare à l'opulence et à l'industrie de
nouvelles jouissances.... Le lendemain, les cris
de la nature se font entendre dans toutes les
classes de la société qui touche au terme de ses
inquiétudes.

Mais pour vous, monsieur le marquis, le lendemain sera un cri de honte, le lendemain a

trompé l'espérance de vos frères et celle de vos associés.... De funestes nouvelles ont jeté l'alarme dans l'organisation de la république, il faut l'ajourner. Vos légions mal organisées ont subi le joug de la force armée et de l'opinion publique en attaquant les barricades que l'audace avait élevées à Lyon et à Paris. Nous allons prendre haleine, monsieur le marquis, et le lendemain éclairera la France et vos électeurs sur les attentats dont nous avons été les témoins et dont votre association s'est rendue coupable; ils en tiendront registre.

Et nous aussi nous attendrons impatiemment le lendemain qui sera le jour de la justice nationale; elle pénétrera cette justice dans les ténèbres pour y trouver les auteurs de tant de complots sans cesse renouvelés, qui ont désolé la France et fait gémir tant de familles, c'est le lendemain qui frappera les insensés par un ostracisme qui les reléguera loin d'une patrie dont ils se sont constitués le fléau. Cette loi, le gouvernement la doit au besoin et au désir commun de tous les Français, les chambres l'accueilleront avec joie.

Sans doute, monsieur le marquis, il est du devoir du gouvernement de présenter aux chambres les lois qui doivent réparer les pertes éprouvées dans plusieurs communes et surtout à Lyon et à Paris par le crime de la rébellion et des émeutes qui ont donné le sanglant spectacle à l'univers.... Mais aussi, monsieur le marquis, il est du devoir du gouvernement de remonter à la source du principe de ces insurrections qui se sont étendues sur une partie de la France.... Il sera démontré que c'est au compte rendu contre la majorité de la chambre, rédigé dans une assemblée tenue et à l'un des membres influens de l'association des droits de l'homme, qu'il faut attribuer toutes les calamités qui, depuis cette époque, ont désolé la société. Cette satisfaction est due à la majorité des chambres qui ont soutenu le gouvernement constitutionnel avec ses droits et ses devoirs. La France applaudira avec toute justice à cette mesure, en plaçant au premier rang des réparateurs de tous les dommages causés par la révolte, les signataires de ce compte rendu, dans quelque rang qu'ils se trouvent. Leurs personnes et leurs propriétés doivent en être les premiers garans. Vous-même vous serez le premier, monsieur le marquis, dans un retour aux principes d'équité, vous serez le premier à applaudir à cet acte solennel de la justice nationale.

Pour nous, monsieur le marquis, fidèle à la réprobation que nous portons aux ennemis de l'ordre et de la paix publique, fidèle à nos sermens à la patrie, fidèle au souverain que la Providence dans sa bonté a appelé parmi nous pour mettre un terme aux calamités qui pèsent depuis si longtemps sur la France. Le roi veut la rappeler aux hautes destinées qui immortaliseront son règne, et nous ne doutons pas qu'il ne soit aidé dans cette glorieuse entreprise par le concours des colléges électoraux, qui s'associeront à cet immortel bienfait par le choix de leur mandataire.

Le temps qui brise tout, le temps brisera aussi les faux calculs des crimes des factieux, et la France pourra dire au souverain qu'elle a choisi :

Te duce , si qua manent sceleris vestigia nostri ,
Irrita perpetuâ solvent formidine terras.

FIN.